느낌표에게

묻다

시인의 말

눈물은 내 시의 가장 오래된 은유다
내 시의 정서는 눈물이다

가장 깊은 데서 올라오는
가장 맑고 따뜻한
인간만이 가지고 있는
끝내 간직해야 할
어떤 것

그것이 내게는 시詩고 눈물이다.

눈물은 단지 아픔이 아니라,
상실 속에서도
기억과 회복, 위로와 치유를 통해
세상을 맑게 해 줄
어떤 것

내 시의 화두이자 믿음이다

시를 쓰는 일은 메마른 정서를 적셔줄
'남은 눈물'을 찾아 헤매는 일이다
가슴 깊은 곳에서 길어 올리는 일이다.

〈느낌표에게 묻다〉는
그 길을 찾아 나서는 나의 작은 발걸음이다

여섯 번째 눈물방울을 세상에 내보낸다.

나 기 황

CONTENTS

02　　시인의 말

1부. 남은 눈물을 위하여

첫 번째 눈물방울 나는 왜 시를 쓰는가?

12　　남은 눈물을 위하여
14　　그때가 좋았지
16　　시외버스 안에서
18　　느낌표에게 묻다
19　　자목련
20　　탁구를 치며
22　　안경알을 닦으며
23　　안경알을 닦으며2
25　　봄비
26　　들리지 않아도 들리는
27　　세월의 바람앞에서
28　　겨울 강
29　　염좌 꽃
30　　11월

2부. 오후만큼의 나이가 되어

두번째 눈물방울 고향과 가족, 그리고 어떤 이야기

34	야간운전
36	감사일기
37	동백이 피는 이유
38	갓길을 따라
40	엄마의 기억법 2
43	겨울비
44	무지개의 시간
46	사랑엔 치매가 없다
48	소리의 위선 속에서
50	어머니의 겨울 강
52	오후만큼의 나이가 되어 3
54	오후만큼의 나이가 되어 4
56	기억의 집
58	편지

CONTENTS

3부. 이제와 영원히

___
세 번째 눈물방울 희망과 인연, 그리고 신앙의 굴레는?

- 62   바람의 연혁
- 64   인두화
- 65   별 꿈
- 66   반딧불이
- 67   어머니의 강
- 68   오징어 게임
- 70   우린 언제 별이 되는가
- 72   이제와 영원히
- 74   슈퍼 블룸
- 76   장례 미사
- 78   정오의 메시지
- 80   봄에 쓰는 동화
- 82   여명의 기억
- 84   수녀원 뒤뜰

4부. 겨울에도 피는 꽃

네 번째 눈물방울 IMF 사태는 내 인생에서 어떤 의미였을까?

88	가을 소묘
90	누구든 혼자다
92	연어의 고향
94	IMF의 여름
96	봄이 오는 소리
97	어둠속에서
98	에피소드
100	시의 감옥에서
102	장마
104	첫사랑
106	길 1
107	꽃 종
108	방귀 일기
110	문초립

CONTENTS

5부. 숲으로 난 길

다섯 번째 눈물방울 황혼기 인생에서 나는 어떤 존재인가?

114	인생
115	숲으로 난 길 2
117	세월의 문답
118	아침 우울
119	아버지와 두 발 자전거
121	샛강
122	가을에 그리는 추상화
123	무제 1
124	무제 2
126	코스모스는 무리의 힘을 안다
128	깃발을 세우는 일
129	대숲을 보았네
130	들꽃이 내게
132	겨울 강을 건너며

134   맺음말

느낌표에게
묻다

1부

남은 눈물을 위하여

첫 번째 눈물방울
나는 왜 시를 쓰는가?

남은 눈물을 위하여*

눈물은 세상에서 가장 따뜻한 명사다

히말라야 만년설에서 녹아내리는
눈의 물을 본다
알래스카의 빙원, 단단한 결정체가 흘리는
얼음의 물을 본다

때 되면 산과 들, 살아있는 것들의 뿌리를 적시며
흐르는 생명의 물이다

처음 시를 썼을 때,
명치 끝을 건드리던 맑고 투명한
언어들이 사라졌다
내 시詩의 시원始原이었던 눈물이
시나브로 말라서 마른 장작처럼 갈라지고
간간한 염도마저 잃어 버린 채
맹물같은 끄적임을 이어왔다
허나, 언젠가
소금기 어린 내 생의 기억들이

맑은 눈물을 만나서
시인이란 이름뿐인 빈 터에도
시 한 편 자라나길 소망한다.

시를 쓰는 일은 가슴이 뜨거워지는 일이다

'남은 눈물을 위하여' 살 이유 충분하다

---

* 남은 눈물을 위하여 첫 시집의 제목(1996), 청학출판사

그때가 좋았지

가난했으므로 함께 살아야 했습니다

엄니는 암탉이 지켜보는 것을 모르쇠 하고
방금 낳은 달걀을 꺼내 꾸러미를 엮습니다
오일 장에 내다 팔면 얼마간 돈이 될지도 모릅니다
가난했던 시절에 할 수 있는 것은
나누는 일뿐이었습니다

아부진 '등 따습고 배부른 것'이 시상과세라서
낮에는 집채만 한 나뭇짐을 지고
헐거워진 외양간 빗장을 고치고
밤에는 가마니를 짜고
식구들한테 장리 쌀만큼은 안 먹이겠다고
수건이 땀에 푹 젖을 때까지
일손을 멈추는 법이 없었습니다

희멀건 죽 사발 위로 보름달이 떴다
흔적도 없이 사라지는 저녁입니다.
대가족이 먹기에 턱없이 헛헛한 밤을
달빛이 달래 주고 있습니다

잠깐 세월인 듯 싶었는데
어느새 딴 세상에 살고 있습니다.

가난이 가족을 이어주던
그 때가 제일 좋은 시절이었습니다

시외버스 안에서

낯선 길을 생각보다 꽤 멀리 왔다

종점행 시외버스가 창을 투명한 캔버스 삼아
차창 밖 풍경을 잘도 그려낸다
메타세쿼이아 가로수 길을 지난다
출렁다리가 구름을 가로질러 해먹처럼 흔들린다
시외버스 안에서 내다보이는 바깥 풍경이
틈만 나면 안으로 들어와 상념을 흔든다

삶은
출발지는 있는데 도착지를 알 수 없는
시간 여행이다
흔들리지 않고 커피 한 잔 마실 수 있는
시간이 내겐 얼마나 남아 있을까
천천히 걸어도 되는 생의 공간은
또 얼마쯤 여유가 있는 것일까

-참, 그 친구
아직 중환자실에 있다고 했지

하긴, 나도 지금
낯선 인연들과 함께 종점 행 버스를 타고
일몰을 보러 가고 있다

느낌표에게 묻다
-길이 시작되는 곳에서

야트막한 동네 뒷산이
아침부터 비에 젖고 있다
혼곤한 잠에서 깨어나
함초롬히 비 맞은 나무들 사이로
길이 시작된다

앞선 발자국이 자꾸만 뒤로 밀려나고 있다
끝내는 보이지 않을 것이다 세월처럼.

인생의 순간을 걸었던 발걸음을 다 모아도
'가지 않은 길'*은 분명 있을 터이니
비록 빛나는 삶이 아닐지라도
삶이 아직 나의 것일 때
비 오는 날의 수채화 속으로
짐짓, 걸음을 옮겨보고 싶은 것이다

느낌표에게 길을 물으며
가지 않은 길을 가보고 싶은 것이다

---

*가지 않은 길 미국의 시인 로버트 프로스트(Robert Frost, 1874~1963)의 시

자목련

지난 봄, 어느 날
바람의 칼날에 베어져 떨어져 내렸던
꽃잎의 순교가 있었다

새들이 앉았던 자리에 우유빛 수액이 돌면
뾰족한 부리들이 돋아나
한 눈금씩 상실의 뼈마디를 쪼으며
상처마다 푸른 수의를 걸어놓는다

오선지 위로 새떼가 날아오른다
요한스트라우스2세의
'Op.410-봄의 소리'*를 듣는다.

물오른 가지마다
풍장風葬의 춤사위가 보랏빛이다

---

* **Op.410-봄의 소리** 요한스트라우스2세의 왈츠곡, 작품번호 Op.410

탁구를 치며

왔다 갔다 주고 받는
빈 손의 가득함

2.7그램의 공이 주는 긴장감에
팔 한번 제대로 휘두르는 것이
얼마나 큰 기술인지
걸음마를 배우듯 잔발 한번 떼는 일이
얼마나 큰 성장인지
포핸드 롱이든, 백핸드 드라이브든
한 뼘도 안되는
15.25cm 높이의 네트를 넘기는 일이
얼마나 큰 과업인지
흘린 땀 만이 알고 있다

라켓의 궤적이 탈춤을 추든
풋워크가 사물놀이 상쇠처럼 요란하든
혼신을 힘을 다해야
한 걸음 나갈 수 있는 요량이 생기는 법

언제쯤, 어깨에 힘을 빼고
길이 274, 폭 152.5, 높이 76cm의 테이블 위에서
사부작사부작 네트를 넘나들며
나비처럼 날 수 있을까

부화孵化를 기다리는 몸놀림이 가상하다

안경알을 닦으며

삶이여, 그대는 얼마나 눈부신 동사이던가

그대가 여는 아침 창 안으로
수화를 하며 들어오는 바람 같은 일상

제 몸을 허물고 더 깊은 가을이 되려는
나무처럼
지난 오욕의 역사를 흘려보내고 싶은
강물처럼

인생에 한 번쯤 고쳐 앉고 싶은 자리가 있다

낙엽을 접어 날려도 새가 되는
잘못 걸어 온 발걸음도 모두 용서가 되는
미완의 추억조차 인생의 역사가 되는
청춘의 자리

손수건으로 호호 불어 안경알을 닦는다

멈칫거리다 달아나는
늦가을쯤의 나이가 보인다

안경알을 닦으며 2

한때는 젖은 마음을 달래던
고향집 그에게서 변절의 편지가 왔다
추억의 질과 양이 꼭 세월에 정비례하는 게 아니라서
마음속 먼지를 들추는 일이
안경 없이 사람을 만났을 때처럼 두렵다

인생이 희미해져 가는 시기에
잠시 반짝이다가 만 부끄러운 시간을
맑은 눈으로 들여다보는 게
마뜩지 않다는 거다

안경알을 닦으면서 드는 생각인데

흐릿해진 시력으로 보기에는
장독대며 골담초 나무며 개살구에
손때 묻은 딱지 같은 것들이 딱 좋다
빛바랜 과거를 온전히 닦아내지 못할 바엔
안 봐도 아는 유년의 한 페이지쯤
남겨 놓아도 괜찮을 듯싶다

봄비

속눈썹을 살짝 적시고 마는
낯설고도 따뜻한 위로

촉촉이 젖어 오는
자잘한 삶이 발뒤꿈치를 들고
다가오고 있다

맨 처음 속살을 보인 것은
복수초, 변산바람꽃, 매화였을까
정숙한 목덜미에 입맞춤한 것은
산수유, 생강나무 꽃이었을까

타악기의 선율을 타고 퍼지는
봄비의 향훈

들리지 않아도 들리는

봄비가 내린다
창문은 닫혀 있고
빗소리는 들리지 않는다
보청기를 빼니
세상이 한 겹 더 멀어졌다

세상의 소음은 때론
삶을 덮는 먼지 같은 것이려니
소리는, 귀로만 듣는 것이 아니기에
들리지 않아 비로소 들리는 것들이 있다

빗소리를 밟고 오는
그 조용한 떨림으로
새순이 움트는 소리를 듣는다

봄비는 들리지 않아도 들리는
봄의 소리다

세월의 바람 앞에서

망팔忘八의 나이쯤 되면
무심히 지나가던 계절의 바람도 속으로 분다.

열정이니 목표니 또는 희망이니 하는 말들은
상실의 언어로 시들어가고
가끔, 먼 길 떠난 친구가 꿈속에라도 얼비치는 날이면
삶과 죽음도 다 하늘의 뜻이거니
눙쳐먹었던 심사가 시나브로 흔들린다

세월이 지나는 계절엔
떨어지고 시드는 것뿐인지라
휑한 정수리 머리칼을 손가락 빗질로 쓸어 넘기며
지혜의 머리만 남았다고 허세를 부리는 일이거나
잠시 숨을 고르는 중노中老의 목주름에서
허허로운 인생을 읽어내는 일이거나
가슴 한구석엔 바람길이 난다

세월의 바람 앞에 서니
바람의 나이도 가을쯤이다

겨울 강

 겨울 강은 고향을 떠나온 사람이면 누구나 늑골 밑에 감추고 있는 강이다. 가까운 인연들이 황망히 떠난 자리에 바람 소리만 윙윙거리는 날이거나, 저 혼자 쓸쓸히 겨울 채비를 하는 나무들의 스산한 움직임을 가슴속에 묻어두어야 하는 날이거나, 일테면, 겨울 강은 별들이 무수히 떨어져 내린 날, 굳이 묻지 않아도 숨죽인 울음들을 기억해 내어 흐르는 것이다.

 하얗게 밤을 지새우며 세웠던 젊은 날의 꿈, 사랑과 이별, 열망과 절망들이 한 번씩은 머물다 가는 곳, 지친 걸음을 따라가며 유속流速을 맞춰 주는 것이다. 골짜기에 벗어 두고 떠난 고향의 이야기를 언제고 자분자분 들려주는 노래의 강이다. 먼 훗날, 나 없이도 그렇게 흐르고 있을 여전한 그리움이다.

염좌 꽃

피안에 들기 전
108가지 번뇌를 피하고 나니
또 하나의 번우 煩憂가 앞을 막아서며
-속명은 돈錢나무일세

화엄세계를 다녀온
섭리의 소매 끝에 묻어온 향기를
다육 속에 품고 있는 염좌 꽃
-꽃말은 풍요라네

내가 샀는지, 누구에게서 받았는지도
생각 나지 않으니

돈은 없어도 좋은데
사람 사는 향기는 풍요로웠으면 하네

11월

11월엔 누군가에게 편지를 쓰고 싶다
예년보다 일찍 찾아온 첫눈에
마음이 늘 아리다는 말 대신
잘 익은 백김치 한쪽 나눠 먹고 싶다고
에둘러 속마음 전하고 싶다

11월엔 누군가의 전화가 기다려진다
뜸하다 싶어 그냥 해 보는 거라고
누구네 조문弔問 가서 들었는데
몸은 좀 어떠냐고
무심히 툭 던지는 위로가 기다려진다

11월엔 옷섶을 여미듯
찬바람 막아주는 얘기가 좋다
-햅쌀 나오기까지 버티다
903호, 묵은쌀 있다고 해서
한 됫박 꾸어왔다는

옛날 같으면 서러웠을 텐데
요즘 세상에 쌀을 다 꿔본다고, 재밌다고
아내의 고해성사가 늘어진다

그래, 재미 삼아 꿈질할 살림살이면
올겨울도 따뜻하겠다.

느낌표에게

운다

2부

오후만큼의 나이가 되어

두 번째 눈물방울
고향과 가족, 그리고 어떤 이야기

야간 운전

날짜 경계선을 넘는
심야의 도로가 가장 어둡다

윈도브러시가 자정을 넘는 시곗바늘처럼
이따끔 눈물을 훔친다
빗방울마저 어둠에 흡수돼 마치 무덤 속을 유영하듯
두려움이 밀려오는 그 시간대
형광봉이 저승사자처럼 도열해 있는
공주 조치원 간 국도변을 달린다

집으로 돌아가는 도중에도
찌르르 울릴지 모르는 휴대폰 소리를 예감하며
90 Km를 되짚어 귀가하는 중이다
가쁜 숨을 몰아쉬며 낯선 길을 찾고 있는
아버지를 뒤로하고 가속 페달을 밟으며
대책 없이 진한 어둠 속을 달리고 있다

살아있는 목숨이란 대체로
내일이라는 변명거리를 달고 산다
오래지 않아, 아버지는
사위어가는 장작불의 허연 흔적처럼
가벼워진 영혼의 무게로
이승의 경계를 넘어갈 것이다

가장 깊은 하루의 끝이거나
가장 이른 하루의 시작이거나

감사 일기

자고 일어나니 콧물이 났습니다
감사합니다
살아 있어 눈뜨게 된 아침입니다

재채기도 났습니다
감사합니다

각 방 쓰는 아내가 일어나
부스스한 아침 인사를 건넵니다

-잘 잤어요? 예
-당신도 잘 잤어요? 예

말을 건넬 누군가가 옆에 있어 다행입니다.

감사합니다
그저 선물 같은 하루입니다.

동백이 피는 이유

성당 뒤편에 툭 툭
순교의 몸짓으로 떨어져 내린
붉은 기도 송이들

이 고단한 시대에
동백이 피는 이유는

겨울 동冬, 측백나무 백柏

기도가 필요한 이들을 위해서
'겨울에도 피는 꽃'이기에

갓길을 따라

길눈이 어두워
내비게이션 없이는 꼼짝도 못 하는
길치, 어릴 적 떠나온 고향
갓길로 들어서는 길이 아슴하다

그 길 어디쯤 홀로 흐르는 강이 있다
GPS 없이도 찾을 수 있는 마음속 강이다

내 가슴속에만 흐르는 부재의 강이지만
그 강엔 수천수만의 연어 떼가 살고 있다

연어 떼가 강물을 거슬러 올라오는 그때,
아는 이도 없고, 옛 모습도 남아있지 않은
고향을 찾는다

찬란한 고요 속에 홀로 침잠하는
푸른 생명의 사투
회귀본능의 연어 떼가 은빛 비늘을 턴다

강마저 흐르지 않는다면
고향은 언제나 타향이다

엄마의 기억법 2

열여덟에 첫딸을 낳고 아들 셋,
8남매를 거둬 온 엄마는
매미 허물처럼 가물가물한 기억을 붙잡고
합죽한 미소만 짓고 있다.

"그럼, 편하고 말고" 지레 손사래를 치며
환갑 지난 막내딸 꼴이 더 안 돼 보였는지
사위 등을 토닥이는 손길이 깃털처럼 가볍다

구십이 넘어서면서 엄마는
실제 나이에 열세 해를 더 얹어
요지부동 백세 살의 나이를 끌어안고 있다.
걱정할 게 없다면서도
8남매 지난 至難한 세월까지 품고 오느라
힘에 부쳤는지 요즘 들어
내려놓는 기억들이 부쩍 늘어났다.

껍질 벗겨낸 물렁한 복숭아를 입에 넣어주며
"엄마 발톱 깎을 때가 됐네"
울먹한 마음을 에둘러 내비치는 막내딸에게
엄마는 신이 나서
"그려, 그려"
도토리 뒤통수 모양 뽀얀 발가락을 내민다

자분자분 잘려 나가는 발톱처럼
지우다 만 기억 중에서
엄마가 골라놓은 시간의 조각들은
자식 자랑만 한 소쿠리다.

엄마의 90년 세월이 눈부시다

겨울비
-청주연초제조창

어머니, 찬비 내리네요
해방 이듬해 생겼다던 청주담배공장
어머니 가시던 해, 청주연초제조창으로 이름표 바꿔 달더니
15년 만에 완전히 불이 꺼졌다가 또 그만큼의 세월이 지나서야
청주문화제조창으로 다시 살아나
밤낮 없이 불빛 휘황하고 찬란하네요
어머니, 생각나세요
안덕벌 입구부터 우르르 쏟아지던 출근길
보리밥 도시락 달그락거리며
어둑해진 골목길을 돌아들던 퇴근길
허기진 발걸음 소리 사라진 지 30년이 넘었네요

-미안하다. 에미가 이제 일 못하게 됐다
-잠깐 왔다가는 세상이다. 욕심내지 말고 편케 살아라
-남들처럼 척척 뒤를 대주지 못해서 늘….
-잘사는 거 오래도록 지켜보고 싶었는데….

뼈 속까지 암덩어리가 스미도록 내색 한 번 안하시다
　가실 때가 돼서야 유언처럼 혼잣말을 하시더니
　(어머니도, 참…)

　눈 대신 비가 오는 날,
　내린 눈도 비에 젖어 눈물이 되는
　공원묘지 야트막한 봉분 앞에서
　구두 끝만 내려다보던 반백의 사내가
　혼잣말로 속 울음을 풀어 놓습니다

　-그려, 엄마도 이제 편히 사셔

무지개의 시간

1.
밭고랑 사이를 뛰다가
걸려 넘어지는 시간이 쌓여
까딱까닥 방패연이 하늘을 난다
빨·주·노·초·파·남·보 무지개 너머로
연이 높이 올라갈수록
시원한 오줌 줄기가
꿈 속 이불 속에서 흥건하다

2.
창을 닦다 보면
바람이 슬몃, 고향의 안부를 전한다
제일 먼저 둥구미를 끼고
노적산 머리 콩밭을 매러 가는
할머니의 그림자가 일렁인다
하늘이 노랗게 흔들리던
허기가 느껴진다

3.
마당 한 구석에 박힌 쇠 말뚝이
긴 그림자를 늘어 뜨린다
진홍빛 노을을 앞세우고
땀 젖은 실루엣들이 곤한 발걸음을 옮긴다.
사립문을 들어서는 소 잔등이 만들어 내는
스카이라인이 곱다

사랑엔 치매가 없다

거미줄을 걷어내고 새 단장을 해도
흙담이 무너지듯 푸석푸석
기억의 집이 무너져 내린다

도돌이표의 음계를 밟으며
몇 번이고 노래를 이어 부르고 있다
여긴 어딘가
제자리로 돌아오는 기억의 징검다리가
노을빛 강물에 흔들리고 있다

사랑은 매양,
잔잔하게 흐르는 것이 아니어서
활활 타오르던 불꽃이
소낙비에 피시식~ 꺼져가듯
때론, 저문 강둑에 부딪히며 흐르는
기억의 포말들이
뭇별처럼 깜박이기도 하는 것이다

사랑은 그렇게,
잊혀 지지 않는 거라고
쉽게 지워지지 않는 거라고
눈을 감고 색바랜 그림 한 폭을
기억해 내느라

깊은 밤, 홀로 깨어
서걱이는 억새 바람에
가슴을 베이며

누구를 사랑했는지
얼마나 사랑했는지

밤새 날줄과 씨줄을 엮고 있다

소리의 위선 속에서

TV 화면 속에서
차례로 일어섰다 쓰러지는
소리, 소리가 있다
소리들이 때론
미소를 띠운 채 다가오지만
안전모를 쓰고 카메라 앞에 선
그들이 가고 나면
현장은 복지라는 위선의 차양 안에서
소리란 소리는 죄다 흡수되어
무성無聲의 아우성이 되고 만다

철골조 사이로 갸웃갸웃 보이던
어느 건설 노동자의
'쿵' 하고 낙상落傷하는 소리가
바닥에 머리를 부딪혀 나는 소리가 아니라고
한다

골든타임을 놓친 시멘트 바닥 위,
널부러진 노동자의 핏빛 흔적에서
생의 소리가 사라졌다
소리는 크기일까, 방향일까, 무게일까

발뺌 하는 그들은 결코 소리의 진실을 알 수 없으리

하루치의 일당에 내몰린 목숨값이
'쿵', 하고 결제되는 소리라는 걸

어머니의 겨울 강

언 살갗 밑으로 소슬바람이 일면
어머니의 강은 고요해진다

친정 집 울타리에 햇살이 내리는
꿈이라도 꾸는 날에는
어머닌 마당 가득 젖은 빨래를 넌다
차가운 물방울을 터는 흰 머리위로
아침 햇살이 부서진다

평생을 어머니로 산 어머니는
언제쯤 허리를 펼까
어릴 땐 자식을 거두느라 가슴에 품고
자라서는 걱정을 달고 사느라 가슴을 쓸고
어머닌 언제쯤
때 묻은 무명치마를 벗어 볼까

얼음이 풀리며 여린 물살이 배밀이를 한다
밭이랑에 숨어 있던 햇살이
어머니의 겨울 강을 따라 나선다

어머니가 내게 말을 걸어오신다

-이제, 봄이구나

오후만큼의 나이가 되어 3

아파트 베란다 창 넘어
쏟아붓는 빗줄기를 본다

왼 종일 비 퍼붓는 날이면
잘못 살아온 날들이 새록새록 생각난다

떠나온 고향이 타향이 된 지 오래
서툴게 살아온 세월이 세차게 쏟아진다

고향집 뜨락을 적시며 다가오는
축축한 기억들이 쉽게 그칠 것 같지 않다

오후만큼의 나이가 되고 보니

평생 가지고 가야 할 것 같았던 생채기들이
눈물 같은 빗물에 씻겨 잊히기도 하는 법이라서

허기진 시간을 눙치다 이유없이 서러웠던
유년의 빗소리마저 가슴에 저릿하다

훗날, 이 눅눅한 장맛비도 분명
다시 그리울 게다

오후만큼의 나이가 되어 4

나이 드는 것이 서러울 수도 있다는 걸
누가 미리 알 수 있으랴
할 수 있는 일과
더는 할 수 없음으로
갈라서게 되는 나이의 경계가
어느 날 갑자기 가슴을 파고들 줄은 몰랐다
TV속에서
잘난 청춘들의 풋내 나는 몸짓들이
명치끝을 누르며
때 이른 상실감으로 다가올 줄은
정말 몰랐다

100세 인생이라곤 해도
이미 굳어진 나이테를 제하고
남는 세월의 숫자가 얼마가 될지
헛헛하다

갈 곳도 마땅찮고,
뭘 해도 하찮아 보이는 나이
아무리 옷매무새를 만져도
태가 나지 않는,
꼭 그만큼의 나이 든 나이
내 것 같지 않은 세월의 무게가
허물 수 없는 벽이 되고 만다

안다.
셈법보다는 마음 탓이 크다는 걸
갱년기의 오후 한때,
빗줄기가 거세진다

이번 장맛비는 오래갈 것 같다

기억의 집

기억의 집을 수리하고 있다

마른 호박 줄기를 걷어낸다
말끔히 지워지지 않은
삶의 경계를 알려주는 건
무너져 내린 오래된 흙담의 흔적 뿐
그 길 끝으로 난 골목길이
사라지고 없다
뒷곁, 골담초 밑을
살살기던 까치독사의 꼬리춤이
장독대를 비켜 지나가고 난
그 자리에 원추리꽃이 피어있다

여긴 어딘가
동구 밖 SUV차량이 멈추고
아이들이 징검다리를 건너오고 있다
더러는 맨발로 참방참방
기억의 다리를 건너고 있다

폭풍우 치던 날
빗살무늬로 세차게 흐르던 강물이
비 갠 뒤 사라지는 노을을 잡고
저문 강둑을 돌아 어둠에 묻히고 있다

그래,
사랑은 흐르는 거라며
흘러도 잊혀지지 않는 거라며
잊혀도 남아 있는 거라며
억새가 바람에 흔들리고 있다

다만,
누구를 사랑했는지, 얼마나 사랑했는지
아득한 저 너머가 궁금할 따름이다

편지
-결혼 44주년에

그대는
내게 눈부신 대명사입니다

청춘의 절뚝이던 날들을 붙잡고
기차도 다니지 않는 녹슨 선로에 앉아
어긋나는 만남의 이유를 찾으려
빈 소주 잔을 밤새 채워야 했던
그댄 가슴 저리는 2인칭 이었습니다

까물까물 깊어 가는 회상의 밤에
후우, 마지막 담배를 비벼 끄고 나면
홀로 평행선 너머 소실 점에 서 있는
그대에게 달려가고 싶었습니다
네온싸인 휘황한 서울의 어느 구석에도
지친 몸 하나 누일 곳이 없던 상심을
호오, 불어 줄 그대가 몹시도 그리웠습니다

몇백 광년을 날아와 인연의 등불을 켜며
깜박이는 별처럼, 달처럼 언제부터 그대는
내게 빛나는 대명사가 된 것일까요
2인칭의 그대를 넋 놓고 보고 있다가
44년의 세월이 흘렀습니다

이제는 1인칭이 된 그대가
차갑지 않은 별빛으로 빛나서 좋습니다.
눈부시지 않은 달빛으로 있어서 좋습니다.
더 없이 편안해 진 그대가
여전히 내 옆에 있어줘서 고맙습니다

함께 있어도 그리운 그대에게
설레는 안부를 전합니다

날미에는
'별 밤에 총총' 이라고 적습니다

느경표에게
묻다

3부

이제와 영원히

세 번째 눈물방울
희망과 인연, 그리고 신앙의 굴레는?

바람의 연혁

바람은 어디서 태어나는가

수천수만의 나뭇가지 사이에서
빠져나온 숲의 숨결이 한곳으로 모여
휘이, 사르르 소리를 내며
고요를 깨운다
바람이 바람을 만나 군무群舞를 펼치면
곳곳에 생명의 온기가 전해진다

바람은 어디로 사라지는가

외진 골목길 바바리 깃을 세우고 퇴근하는
가장의 굽은 어깨를 토닥이며 지나간다
가을 들녘에 부는 바람이
가난한 손에 쥐어 진 한 줌의 우울을 덜어내며
겨울 벌판을 건너간다

삶은
바람의 속도에 연연하거나
바람의 세기에 좌우되는 것이 아니어서
때론 바람이 세월의 어느 갈피에서
슬몃슬몃 옷깃을 여미게도 하고
각각의 사랑에 견딜만한 아픔 하나 떨구기도 하며
수천수만 갈래의 이력이 된다

인두화

나무는
얼마나 타다 숯이 되는 걸까

불꽃이 없어도 타는 것이 있다

달궈 진 인두로 문지르면
나무의 속살에 새겨 진
화공의 이야기가 드러난다
치지직 소리내며 데인 상처가
하얀 혼불로 다시 살아 난다

삶이란
매양 불꽃처럼 활활 타오를 수는 없는 법
하얀 재灰가 되도록 완전히 살아 낼 수는 없는 법
화상을 입으면서도 끝내 다 드러내지 못하는
인두화처럼
숯이 되어 그려내는 미완의 서사敍事인 것을

별 꿈

몸을 빠져나온 생각들이
나를 따라 나섰다

벗어놓은 육신이
후르르 분해되어 바람에 쓸리며
목숨만큼의 나비 떼가
밤하늘로 날아올랐다

흰 나비의 날개가
어둠 속에서 나풀거리며 별이 되었다

맑은 바람에 영혼이 닦인 오브제의 환상

소멸하는 것들과
부활하는 것들의
아름다운 전이

별 총총한
한 여름 밤의 별꿈

반딧불이

찬 우물에 내려앉는
별 무리를 본다

한 여름밤,
뜨거운 낮의 열기가 식어가면
찬 심장을 가진 다이아몬드처럼
빛나는 푸른 빛의 축제가 벌어진다

어둔 들판에서 벌어지는
매혹적인 춤사위 속에

-뜨겁진 않지만,
 반짝이는 내 사랑을 받아주세요

별이 쏟아지는 별 밤의 풀숲에서
프로포즈가 한창이다

어머니의 강

아침 강가는
보이는 것 보다 들리는 것이 많다

물안개 자욱한 너른 개울을 따라
어머니의 한숨 소리가 들린다

강이 없는 곳에서 자란 어머니에게
한 번에 건널 수 없는 개울은
가난만큼 넓고 깊은 강이었다
치맛단을 적시며 흐르는 물줄기는
여린 목숨을 이어갈 젖줄이어서
가뭄도 장마도 이겨 내야 한다

올봄, 청보리 자갈밭을 돌아 나오는
넉넉한 물살에 안도의 숨을 내쉬며
어머니의 생전이
아슴한 윤슬로 아롱지고 있다

*오징어게임

(△)세모
(□)네모
(○)동그라미

게임의 규칙은 이렇다

언젠가 죽는다
누구나 죽는다
죽느니만 못한 삶을 살 것인가
내 의지대로 살다가 죽을 것인가
선택의 결과는 生 or 死

기준에 예외는 없다

오징어 게임에서 오징어는 등장하지 않는다
투명 돼지는 456명의 목숨값으로 연명한다
목숨 값은 1억원이다
탕!

러시안 룰렛같은 제로섬 게임이 시작되면
-돈다발이 쌓인다
-욕심이 늘어난다
-죽어야 산다

또 한 목숨이 사라진다

***오징어 게임** 넷플릭스 오리지널 한국 드라마, 황동혁 감독 연출

우린 언제 별이 되는가

한밤중, 광활한 우주에
하나 둘, 빛 등燈이 걸리고 있다

1초에 30만 킬로미터
지구를 일곱 바퀴 반을 도는 거리
그 속도로 365일을 가면 1광년의 거리
몇백 광년光年을 달려와
빛나는 한 점 보석으로 박힌
별 '성星'자를 들여다 보면

가로 '왈曰', 날 '생生'
이윽고 별 하나 태어 난 것이다.

허나, 생멸生滅의 거리는 너무 아득해
유한한 생명으로는 가늠키 어려운
'별 천지'

짧은 이승의 생生을 마치고
아름다운 멸滅의 시간으로 들어가면

우린 그때 별이 되는가.

이제와 영원히
-겨자씨 성경 공부를 마치고

한 처음에
말씀이 계셨습니다

미망迷妄을 떨치지 못해 헤매는
어지러운 발걸음을 붙잡아 앉히시고
정수리 시리도록 말씀을 부어 주신 건
당신이십니다
말씀의 시원始原을 찾아 나선
이마의 땀방울을 어여삐 여기시어
시나이산, 숨 막히는 별빛을 내려 주신 분도
바로 당신이십니다

하고 많은 말씀의 오솔길을 지나는 동안
걸러지고 단단해진 한 줌 결정체
썩지 않는 세상의 소금이 되라 하십니다
눈물로 씻겨진 마음 밭을 가꾸며
내 몸 녹여 어둠을 밝히는
세상의 촛불이 되라 하십니다

-인간이 마음으로 앞길을 계획하여도
그의 발걸음을 이끄시는 분은 주님이시다
(잠언,16,9)

천근만근 무겁던 눈꺼풀, 깔깔대던 웃음소리
이집트의 홍해를 건너 이스라엘의 갈릴리 호수까지
어줍은 걸음마를 지켜봐 주시고
넘어질세라 오롯이 품어 주신 당신의 온기를
오래도록 잊지 않게 하소서

당신은 사랑이십니다
이제와 영원히

슈퍼 블룸 super bloom

사막 한 가운데 서도
초원의 노래가 들린다

살갗 위에 표창처럼 돋아나는
한낮의 증오가 가라앉는 밤이면
고비 사막을 지나는 낙타의 발자국에
별빛이 고였다가
바람이 불면 모래 알갱이들과 부딪혀 내는
천상의 소리가 들린다는 거다

사막 한 가운데 서도
초원의 노래가 들린다

때로는 건조해진 그림자 몇몇이
끝내 모래언덕에 지친 삶을 눕히려 할 때
그 위를 지나던 대기가 잠시 눈물만큼 비를 뿌려주면
그때 사막에 떨어졌던 별의 씨앗들이 일제히 싹을 틔워
초원이 되고 꽃밭이 만들어진다
사막 개구리들은 7년 만에 튀어나와
짝짓기한다는 거다

연간 강수량 15mm 이하인, 세계에서 가장 메마른 지역인
　칠레의 아타카마 사막에서 일어났던 일인데
　비 그늘shadow of rain에 가려진 2000만 년의 사막이
　꽃으로 뒤덮였다니

　우리도 뭔들 못하겠냐는 거지
　슈퍼 블룸 같은 희귀한 바람이라도 지니고 살자는 거지

장례 미사

한
생명이
먼 길 떠났다

살면서도 뜸하게 오갔던 유족들을
망자가 십자가 아래로 불러 모았다

홀연히 일상이 멈추어 버린 현장에서
유족들이 배웅하는 것은
망자가 남긴 삶의 기억일까
남은 자가 느끼는 죽음의 두려움일까

죽음으로 모든 게 끝이고
죽음으로 모든 걸 되돌릴 수 없다면
유한한 생명의 의미는
무한한 죽음 앞에서
아무 것도 아닌 것이다

운구 차를 뒤따르는 무리들이
망자의 귓속말을 듣는다

저 광활한 우주를 유영하는 뭇 별이
길을 잃은 혼백이 아니라
자유로운 영혼으로 여행하는
빛나는 존재라는 걸
이승의 삶도 빛나는 별처럼 살아야 한다는 것을

-오늘 이 세상 떠난 이 영혼 보소서
주님의 품에 안겨 잠들게 하소서

정오의 메시지

알람이 울린다

'ㅂ다방' 썬팅 유리문에 비친
노인이 안경을 올리며 휴대폰을 본다

-혈압약을 먹을 시간

도토리 묵집에서 늦은 점심을 하기로 한
친구의 메시지가 와 있다

-오늘 맞지?, 이따 봐

어디선가 교회 종소리가 들린다
오래 전 '소음 금지' 민원에 밀려난 종소리다
습관처럼 휴대폰을 귀에 대본다

-이명이거나 환청?

'ㅂ다방' 출입문이 열리자
테이크아웃 커피 한 잔씩 들고
젊은 이들이 거리로 나선다

유리문에 비쳤던 노인이 사라졌다

21C, 정오를 지나는 시각이다

봄에 쓰는 동화

그가 손짓하자
따뜻한 바람이 이야기를 들려준다

속절없이 아프고 외로워서
다시 일어서기가 힘겹다는
누군가에게
개나리 빛 노란 스카프를 매주고

좋은 일은 없을 거라며
어둠의 뒤편으로 숨어버린
누군가에게
진달래 빛 립스틱을 건네주었노라고

꽃피고 지는 일이
거저 주어지는 선물 같아도
우리가 걸어가는 계절의 어디쯤엔가
누군가 흘린 눈물이 언 땅을 녹이고

그 눈물을 닦아 준
누군가의 손길이 있었기에
어둡고 먼 길을 걸어올 수 있는 거라고

그가 말했다
안녕, 내 이름은 '봄'이야.

여명의 기억
―최양업 사제를 기리며

1821년 3월 1일
청양군 다락골에서 나서
1861년 6월 15일
문경시에서 40세 일기로 선종하다

누구인가, 가경자 최양업 토마스 사제는

최경환 프란치스코와 이성례 마리아로부터
고스란히 물려받은 신앙에 힘입어
1836년 15세 어린 나이로 마카오에 건너가서
1849년 상해에서 사제품을 받고,
6차례의 시도 끝에 모국의 품으로 돌아왔으나
마주한 것은 차디찬 땅에 묻힌 부모님의 핏빛 순교

할 수 있는 것은
어둠의 땅에 빛의 씨앗을 뿌리는 일이어서
여기, 밤을 도와 흘린 땀으로
진천 배티梨峙의 돌배나무를 키우고
열다섯 교우촌, 신앙의 숲을 이루었네

한목숨 다 바쳐 양 떼를 돌보기 위해
충청·경기·강원·전라·경상을 돌며
구만리를 이어가다가
문경새재에서 끝내 기진하여 쓰러지니
걸음마다 고인 땀의 길, 백색 순교의 길이 되었네

제천 배론의 골짜기
착한 목자 최양업 토마스 사제 묻혔으니
복되어라, 길 위의 성자, 임이 걸으셨던 험한 밤길을
오늘은 환한 대낮에 자분자분 따라갈 수 있음이라

수녀원 뒤뜰
-이소화 수녀님을 그리며

수습 기간에 있는 예비 수녀들이
머리에 수건 쓰는 예식을 하기 전
수녀원 뒤뜰에서 햇살 바라기를 하며
깔깔거린다

-마지막으로 머리에 햇살 듬뿍 얹어보자
-이제 머리에 햇빛 쏘일 일 없을 테니까

햇살도 걷히고
수녀들의 웃음소리도 걷히고

십자가 앞에서 모두 머리 수건을 얹고
순명·정결·청빈
서원誓願의 시간을 마주하면

기도가 같아진다

-주님, 이 수건
벗지 않게 해주세요

3부 이제와 영원히

느낌표에게

묻다

4부

겨울에도 피는 꽃

네 번째 눈물방울
IMF 사태는 내 인생에서 어떤 의미였을까?

가을 소묘

밤새
잠자리를 어지럽히던 별 무리도
기진하여 세상 속 근심으로 자리 잡는
바람의 계절이다

이별의 예감이
아침 안개 속에 잠기고 있다

동구 밖 개울가에선 물안개 벗어지자
코스모스 무리들이 목숨을 풀어 헤치고
바람의 춤을 추고 있다

추억에서 감상을 빼면 기억이 남는다

지난밤 꿈속에선
성냥개비로 불장난 하던 어린 시절의 첫사랑이
세월에 목줄 잡힌 채
반백의 기억으로 찾아왔다

수묵담채의 겨울로 접어드는 길목에서
가을이 끝내 아쉬운 듯 머뭇거리고 있다.

이 맘 때였나
첫사랑의 기억이 가뭇하다.

누구든 혼자다

오늘따라 가슴에서 자라는
가시가 거칠게 일어선다

햇빛과 물과 토양, 3원색의 대지에
사과나무가 심어져 있다
사과나무는 생명나무라
생명은 곧 사랑하는것임을
한 장의 도화지에 담으려 했다

의도는 좋지만 살다 보면
서로 껴안을 수 없는 가시가 자라나서
죽은 사과나무에 기러기의 상한 어깻죽지가
박제되어 있는 추상화가 그려진다

배경을 이룬 객관적 시선들은 모두
인연을 외면하고 바다를 향해서 돌아서 있다

가시 돋친 선인장 어둑한 그늘에서
고슴도치가 웅크려 있는 작위적인 구도 속에
제 몸에 박힌 가시들을 빼내고 있는
'젊은 날의 초상'을 그린다

*-절망이야말로 가장 순수하고 치열한 정열이다.

미완성의 추상화가 완성되었다
낙관을 찍는다

-인생은 누구든 혼자다

---

* 이문열 작가의 '젊은 날의 초상' 중에서

연어의 고향

물살을 거슬러
헤드라이트를 켜고 마주 오는
한밤의 연어 떼를 만난다

강을 거슬러
서울로 오는 상행선엔
짠물의 냄새가 배어 있다
저들은 불꽃 같은 시대의 정신을 데리고
강을 거슬러 돌아오고 있다.

연어의 고향은 바다다
연어의 고향은 강이다

시멘트벽에 부딪혀 아가미를 다치고
쓰나미처럼 압박해 오는 건물 숲을 유영하다
혼비백산 흩어지는 무리가 있다
반짝이던 별의 바다를 건너
남은 배터리만큼 멀어진 고향을 찾아
귀향하는 그들도 연어 떼다

하행선을 타고 가며 상행선을 오르는 연어 떼를 본다
상행선을 오르며 하행선을 타고 오는 연어 떼를 만난다

헤드라이트가 서치라이트로 바뀐다
자세히 보면 아프지 않은 삶은 없다

비마저 가뭇가뭇 내리는 한밤의 고속도로에서
잠들지 못하는 연어 떼가 유영하고 있다

IMF의 여름
-무주 가는 길

무주 구천동, 골짜기 암자를 찾아들면
대바람 소리가 우수수 휘돌아 나온다

법당 안에 처음 보는 화상畵像,
부처가 앉아있다.
세상에, 나랑은 일면식도 없는데
벌거벗은 몸으로 금칠을 한 채
법전 앞 돈봉투를 내려다보며
오, 염화시중拈華示衆의 미소를 짓는다

나도 결기가 있지
성부와-성자와-성령의 이름으로
아멘.
그대가 부처면, 나는 예수의 애제자 사도 요한
법당에 마주 앉아 눈싸움을 한다

어쩔 것이여.
무너져 가는 은행을 살리겠다고
IMF의 엄혹한 현실 앞에서

지점장이란 짐을 졌으니
무주에서도 구천동,
예까지 예금 권유를 나온 참이다

부산 갈매기라는 별명의 포주가
무당 흉내를 내다 땡중도 아닌 땡보살이 되어
돈다발이 든 꺼먹 봉지를 흔들어 보이니
어쩌겠어. 암자 찾아오는 보살들 준다는 핑계로
삼겹살을 10근씩이나 끊어오라는
진상 고객의 뻔한 갑질에 치어
법당에 흰 봉투 하나 놓고, 절 한번 하고
'IMF야 물러가라'

마무리는 성부와 성자와 성령의 이름으로
아멘,

IMF의 긴 여름이 지나고 있다

봄이 오는 소리

서랍 속 일기장을
열어보고 싶은 아침이 있다

우유보다 먼저 배달되는 햇살이
궁금한 물 밑 세상을 비춘다

아침 샛강을 건너던 꽃씨들이
몸을 낮추어 강물에 발을 적시는 사이
가슴속에선 찰박찰박 물살이인다

물고기들이 귀를 열고
따뜻해진 수온이 보글대는 소리를 듣고 있다

물여울이 멈칫, 흐름을 끊는다
무언가 오고 있다, 오호, 들린다

보오~오옴이 오고 있다

어둠 속에서
−IMF의 회상

하루치 햇살에
옥수수염만치 자란
출근의 무게를 지고서
IMF의 다리를 건너는 퇴근

고단한 하루를 뉘는 시간이면
사람들은 어느새
두려움보다 먼저 강을 건너와
곧 들이닥칠 악몽을 예감하며
마른침을 삼키고 있다

내 생각의 지평선 밖으로 떠나는
저 이름 모를 새 떼들이
등 뒤 어둠 속에 웅크리고 있다

눈을 감아도
의식의 틈 사이로 스멀스멀
짙은 어둠이 올라오고 있다

에피소드
-연탄에 관한

찬바람 들기 시작하는
겨울 문턱에서
부엌 한 귀퉁이를 지키던
연탄이 있었습니다

오래전 이야기입니다

연탄가스에 중독돼
깨질 듯한 골머리와 메스껍던 속을 달래려
동치미 국물을 한 사발이나 들이키던
참 오래전 이야기입니다

백 여장의 화력이 지켜 주는 겨울나기가
부엌 문턱을 든든하게 지켜주던
그 시절, 연탄을 들이느라 땀흘린 콧등에
탄 가루가 까맣게 묻어나곤 했습니다

요즘은 TV 쪽방촌 뉴스에서나
가끔 보게 되지만, 연탄의 까만 얼굴들이
살갑게 그리워지기도 합니다

연탄처럼 따뜻했던 시절의
할머니도 엄마도 이제 안계십니다

시의 감옥에서

생활고에 시달리다
일부러 빵을 훔친 죄수처럼
스스로 시의 감옥에 수감된다

시집을 꺼내 낙인찍힌 전과前過를 살펴본다
시집의 내부엔 속 빈 강정 같은
내 사유의 부산물들이 자리하고 있다

가끔, 망루에선 아직 펴내지 못한
미결수의 시편들을 향해 적대감을 드러내며
강한 서치라이트 불빛을 쏘아 대고 있다
시의 탈옥을 꿈꿔 보지만
촉촉한 정서로 철문을 열어야 하고
시상詩想을 받쳐 줄 문장이 있어야 가능하다

시를 포기하자,
숨어 있던 문장 하나가 밀고를 했다
싸이렌이 울리고 나는 다시 체포됐다
시 같지 않은 시를 쓰며 시인으로 산 죄로
가중처벌 될 것이 분명하다

목숨을 내건 시인도 아니면서
시인이란 이유로
시의 독방에 갇혀 살아야 하는 처지가
참, 구차하다

장마

일상의 소리가 멈춰섰다

궁창穹蒼의 물이 죄다 쏟아져
눈에 보이는 것들을 쓸어버리고
지층 깊숙이 순한 숨결마저 끌고 내려가
소리의 혼을 가두었다.

동학란東學亂처럼 번진 장맛비가
산의 등뼈를 타고 내려와
갈비뼈를 훑고 폭주하는 물기둥을 앞세워
마을을 덮치고 축사를 밀어내고 강둑을 허물고
부서진 잔해들을 모아 더 큰 무리가 되어
우 우 어디론가 몰려간다

익숙한 것들이 사라졌다

비명이거나 울음이어야 할
소리는, 가위눌린 상실 앞에서
외려 상처를 덧나게 하는
마른 눈물에 지나지 않을 터

젖은 슬픔을 말릴 햇살은
아직 멀다.

첫사랑

초등학교 3학년 때 아버지가 내수장에서 지고 온
앉은뱅이 마호가니 책상을 처음 만나 뛸 듯이 기뻤
다
무당집에서 자취하던 시절, 굿을 하는 날이면 먹바
위에 올라
밤늦도록 하모니카를 불었다. 중학생 노래는 따로
없었다

콧수염이 자리를 잡아가는 시기에도 사춘기는 오
지 않았다
몇 달치 과외비를 아껴 줄무늬 남방을 샀다
고교시절 첫 번째 일탈을 사랑했다
베트남전 미군 스모르 작업복을 물들여 입고
대학 캠퍼스를 어슬렁거려도 미팅 건수는 생기지
않았다.
외삼촌이 선물로 준 세이코 손목시계만 막걸리 값
으로

전당포를 들락거리며 대학시절을 함께 했다
군에 갔다 와서, 직장을 잡고 회식이 있는 날이면
동생 화실에서 야전 침대 신세를 지다가
아래층 슈퍼마켓 아가씨랑 눈이 맞았다
늦은 사춘기가 왔다

그로부터 40년 넘게 만성질환을 치료 중이다

길 1
-이집트 가자지구

길 위에 시간이 쌓이고
시간 위의 길은 먼지가 된다

산 자와 죽은 자를 잇는 길은
나일강의 물줄기뿐이다

산 자들은 살아생전 무덤을 만들고
죽은 자들은 산 자들을 위해
무덤 속에서 나와 산다.

영원한 세월 앞에서
수 천 년 문명도
그저, 먼지려니
이집트의 길은 먼지의 길이다

시간이 멈춘,
영원과 닿아있는 길이다

동 시

꽃 종

성당 가는 길
담벼락에서 노란 꽃 종이 울린다

(성당 종소리는 민원이 들어와
'소음 금지'가 된지 오랜 데…)

바람에 펼쳐진 노란 꽃잎들이
골목 가득 흔들리며 꽃 종을 울린다

나리나리개나리
나리나리개나리

사라진 성당 종소리보다
더 큰 종소리를 만들어낸다

성당 가는 길
노란 꽃 종이 울린다

동 시

방귀 일기

1.
공부 시간에 방귀가 나왔다
모르는 척

딴 곳을 쳐다봤다

2.
쉬는 시간에 또 방귀가 나왔다
몰래 뀌려다 소리가 났다

얼른 다른 친구 곁으로 갔다

3.
방과 후 집에 가는 길에 방귀가 나왔다
참다가 빵 터지는 소리가 났다
냄새도 지독했다

주변에 아무도 없었다

행복했다
(그래도 창피했다)

동 시

문초립

쾅,
문을 열던 바람이 제풀에 놀라
쌩하니 달아난다

-어허, 조심해서 다니거라

할아버지가 헛기침하고 나서
왼종일 툇마루에 앉아 갈댓잎을 다듬는다

-이제 됐다.

문 뒤 벽에 걸어 놓으니
문고리를 잡아주는 문초립이 됐다

기웃거리던 바람이 다시 와
문설주에 귀대고 있다가, 할아버지 코 고는 소리에
문고리를 슬쩍 당겨본다

느낌표에게
묻다

5부

숲으로 난 길

다섯 번째 눈물방울
황혼기 인생에서
나는 어떤 존재인가?

숲으로 난 길 2

산그림자를 끌어당기며
이마를 드러내는 산들이 더 깊은 골짜기 속으로
넥타이 안감 같은 붉은 낙엽들을 숨기고 있다

노을을 배경으로 웅크리고 앉아 있는 봉우리들이
마을의 이력을 담고 있는 상형문자처럼
심오하다

저 깊은 골짜기 속,
향불 내음 가득한 어느 암자에서는
저녁 예불을 하는 스님의 목탁 소리
잦아들며 밤이 깊어 갈 게다

숲으로 난 길에 들어서면
공원묘지 고만고만한 봉분들이
은은한 등불을 내걸고 달맞이를 하며
두런대고 있을 지도 모른다

아직은 낯설지만
왔던 곳으로 돌아가게 될 그 길이
숲으로 나 있음을 분명 알게 될 것이다

인생

36.5°C

끊지 못하는
시간의 중독

아직
따뜻하다

세월의 문답

뭐지?
하고 물으면
머리로만
설익은 생각들이 열린다

굳이
서두르지 않아도

익은 세월이
툭툭 가슴에 얹힐 때면
안다

노을이
참 곱다는 걸

아버지와 두 발 자전거

세발 자전거를 버리고 두발 자전거를 탈 때쯤
바퀴 하나 없이도, 선 채로
세상을 달릴 수 있으리라 믿었던 시절

아버지는 바퀴 하나 없는 나를
멀리서 지켜보고 있었다

안간힘으로 페달을 밟아야
쓰러지지 않는다는 노동의 역학 관계를
그땐 알지 못했다
월셋 집 철대문에 자전거를 기대기까지
수많은 가로등을 지나고 수없이 많은 다리를 건너야 했던
고단한 가장의 무게를 그땐 알 수 없었다

꿈속에서도 멈출 수 없는 생의 속도를 배우면서
아버지를 벗어나 아버지가 되기까지
숙명처럼 달려야 했던 두발 자전거의 힘겨움을
아버지만 알고 있었다

어느새, 부쩍 커버린 아들이
바퀴 하나를 버리고 두 발 자전거를 타겠다고 한다

아들의 자전거를 잡아주면서
멈출 수 없는 인생의 속도와
내려놓을 수 없는 가장의 무게를
아직은 말해 줄 수 없었다

다만, 자전거를 잡아 주는 손에
힘을 주었다 놓았다 할 뿐이다

아침 우울

어수선한 꿈자리를 벗어나는 아침
빠져나온 허물이 심란하다

힘껏 기지개를 켜는 것도
이 나이엔 만용이라
빗방울처럼 후드득
뼈 부딪는 소리가 들린다

독한 감기가 갑자기 기별을 해도
차마 내칠 수가 없다
독감이란 본시 한차례 앓고 나면
아이는 한 뼘 더 자라고
70 노년의 얼굴엔
고비를 넘긴 길 하나 새겨지는 법

아침 우울을 벗어나는 일은
노년의 독감을 달래며
어긋난 마음의 관절을 맞추는 일이다

샛강

샛강은
낮은 곳을 향해 심연의 중심으로 몰려가는
푸른 정신이다

샛강은 먼저 흐르려고 다투지 않아서 좋다
길을 비키라고도 하지 않고
내 길을 따라오라고 강요하지도 않는다

세월 속, 더 깊고 어두운 곳으로
등뼈를 흔들며 가는 작은 물고기조차
내 사랑이 더 황홀하다고 유혹하지 않아서 좋다

세월이 흐를수록
삶은 깊어지고 강폭은 넓어진다

가을에 그리는 추상화

그대 떠난 길 위로
플라타너스 잎이 뒹굴고 허기진 바람이
호주머니 속 온기를 빼앗아 가던
10월, 어느 늦은 저녁에
목에 두른 머플러의 훈기를 풀어
그대가 멀어질 때까지 손을 흔들던
그때, 그 시절을 너무 오래 잊고 있었네

그대 떠난 자리에
못다 한 이야기 가득해 끝내지 못한 서늘한 미련을 담아
적갈색 가을을 그려야겠네

그대 모습이 불현듯 떠오르면
긴 기다림을 덧칠하며 가을을 마무리해야겠네

화폭 한 귀퉁이에
몇 년도 '잊혀진 계절'이라 적고
낙엽으로 꾹 눌러 낙관을 찍어야겠네

무제 1

1.
빨랫줄엔 온종일 젖은 꿈이 걸려 있다.
햇살을 받은 쪽의 꿈들이 먼저 마르고 나면
수천수만의 새떼 들이 떠난다
빨래의 섬유질 사이로 숭숭 헛바람이 분다

2.
기차를 타고 플랫 홈에서 내리는 꿈을 꿨다.
기차 안에서 헌 시집을 펴고 작은 소리로 읽었다,
기차는 쓸쓸함을 내려놓고 역에서 멀어져 갔다
저문 강가에 진홍 빛 노을이 지고 있다.
날갯죽지를 다친 새들이 절뚝이며 돌아오고 있다

무제 2

1.
당신이 보고 싶습니다
내 마음 하나 다스리지 못해
여물지 못한 상처를 늘 당신 탓으로 돌렸습니다
올 수확도 변변치 못하기는 마찬가지입니다
당신의 부재 때문은 아니지만
첫 서리가 한겨울 추위보다 매서울 수 있다는 사실을
낙과落果를 보고 알았습니다
벌써 12월, 더디 밝아지고 쉬 어두워지는 때입니다
가로등 밑, 하얀 그림자를 데리고
무작정 외출을 하고 싶어지는 밤입니다
한 해가 속절없이 가고 있습니다

2.
'단테'를 읽어 주던 그대가
내 굽은 등에 외투를 걸쳐 주는 상상을 합니다
20세기의 상심傷心이 21세기에 접어들어
상실傷實의 시대를 맞지 않도록
기도해야겠습니다
바이올린의 선율처럼 은은한 겨울입니다
12월의 연극이 끝난 후에도 하얀 비둘기떼가
교회 종탑을 날고 있는 모습을 본다면
말없이 고개를 끄덕여 주세요

마지막 대사는
작은 소리로 읊조려도 좋겠습니다

-더 사랑해야 하는데, 더 사랑했어야 했는데.

코스모스는 무리의 힘을 안다

코스모스는 잎이 없다

잎처럼 한들거리고 있는 것은
바람을 거르는 거름망일 뿐
대신 꽃잎이 바람의 사연을 읽어 준다
흰 꽃과 분홍과 자주 빛 꽃
흔들리지 않고 피는 꽃이 없기에
꽃의 색깔에 대해 노란 코스모스는
아무런 이의도 제기하지 않는다

코스모스가 꼭 색깔을 가져야 하는 건 아니라서
하늘 빛 코스모스는 곧잘
푸른 하늘이 품어 주어야 비로소
꽃잎의 생이 시작되는 거라서
코스모스의 기원은 하늘이라 적는다

코스모스는 무리의 힘을 안다

잎 같지 않은 잎이 꽃잎을 받쳐주고
가느다란 줄기에 얹힌 꽃이 쉬임 없이 흔들려도
코스모스는 민주주의를 외치는 광장의 무리처럼
어깨를 겯고, 바람 앞에 나선다

깃발을 세우는 일
-6집을 내며

선잠 깬 새벽
미처 빠져 나오지 못한 의식이
여섯 번째 시집 주위에서 포말로 흩어지고 있다

어설픈 시편 들이 내는 파열음에 귀가 시리다
소리 없는 눈물이 강 수위를 높이고 있다

언 몸을 비비며 창 틈으로 바람의 소리를 듣는다
잘못 쓴 문장처럼 자갈이 부딪는 소리가 들린다

시를 쓰는 일이란
벼랑 끝에서도 양보할 수 없는 내 목소리를
새겨 넣는 일
윙윙거리는 바람에 맞서 깃발을 세우는 일이다

욕심이 지나쳤다
'남은 눈물을 찾아서' 다시 길을 떠나야겠다

무릎까지 빠지는 겨울을 걸어서

대숲을 보았네
-울릉도 위도에서

늘, 곧은 꿈 하나 만으로
무릎 꿇지 않아도 되는 곳
대숲의 하루가 버석이고 있다

대숲은
우듬지의 신호에 따라
무릎을 펴고 흔들리는 곳

주저앉고 싶을 때는 대숲에 가자

-휘어질망정 부러지지 않는다

대숲은 바람風 가득
대숲은 바람望 가득

대숲은 안다
때론 휘이는 것이 이기는 것임을

들꽃이 내게

꽃에서 이름을 빼면 무엇이 남을까
줄기와 뿌리만 남겠지.
아니지, 들꽃을 봐
줄기도 꽃이고 뿌리도 꽃이지

들꽃은 이름이 없어도 꽃이다
바람에 휩쓸려 풀밭에 눕더라도
들판의 이야기를 온몸으로 품고 있어서
이름은 없어도 그냥 꽃 피우며 살 수 있는 거지

도심의 한 가운데, 아파트 베란다 한 가운데
화분의 한 가운데서 크는
아무리 화려한 이름을 가진 꽃이라 할지라도
아무렴, 저 들판의 벌거숭이 들꽃보다 자유로울까
햇살에 익고 바람이 지나간 자리에서
다시 일어서, 지평선 너머에서 오는
아침을 바라보는 것으로 족할 뿐
들꽃은 결코 꽃병을 탐하지 않는 법이지

눈에 띄는 것만 중요한 것이 아니라서
이름보다는 낮은 곳에서
더 자유롭게, 더 오래 피는 법을 아는 것이지

겨울 강을 건너며

내 지친 영혼에 차가운 물살을
끼얹고 달아나는 아침 나절

어머니는 마당 가득 젖은 빨래를 넌다

샛강의 기억은 보리밭 사이로 온다
밭 이랑에 숨겨놓았던 햇살이
언 땅의 뿌리를 조심스레 깨우고
풀려 난 강물은 봄 가운데로 흘러간다

살얼음 녹는 소리를 듣고 있으면
어머니가 허리를 펴고, 무명 치마를 추스르며
가만가만 내게 말을 걸어오신다

-너무 애쓰지 마, 사는 게 다 그런 거야

손바닥 만한 한 뼘 햇살에 마르고 있는
어머니의 빨래가 눈에 부시다

[맺음말]

책을 마치면서 시 전문 계간지〈딩하돌하〉 2025 여름호에 냈던 글을 싣는다.
이번 시집을 준비하면서, 나의 시적 화두인 '눈물'에 대하여 평소의 생각을 밝힌 글이다.

여섯 번째 눈물방울

눈물에 대한 나의 기억은 맑고 따뜻하다. 슬픔이거나 고통이 아니라, 아득한 초등학교 시절의 아련한 추억으로 남아있기 때문이다. 우리 연령대가 거쳐 온 유년기의 시골은 방과 후 학교나 다름없었다. 어른들은 밭으로 들로 농사일에 바쁘고, 아이들은 해거름까지 자치기, 찐도리, 가이생, 딱지치기 같은 놀이를 하며 보냈다. 운이 좋으면 허기를 메울 고구마나 옥수수 같은 간식거리가 남아있을 때도 있다. 어느 땐 형벌과 다름 없는 과제가 주어지기도 한다. 놀이 대신 마당에 널어놓은 나락을 지켜야 하는 특명이 떨어지는 날이다. 최소한 반나절은 꼬박 멍석 앞을 서성거리며 참새나 동네 암탉과 눈치 싸움을 벌여야 한다. 담 너머로 킬킬 대며 떠드는 아이들 소리가 들리면, 일각一刻이 여삼추如三秋로 늘어난다. 한창 뛰어 놀 나이에 나가지도 못하고, 배는 배대로 고프고, 조바심이 극에 달하면 홀로 빈집을 지켜야 하는 처지가 서럽고 억울

해서 찔끔, 눈물이 올라온다. 한번 눈물샘이 터지면 왈칵, 걷잡을 수 없이 닭똥 같은 눈물이 쏟아지고 만다. 지금 생각하면 헛웃음이 나올 일이지만, 한두 번이 아니고 보니 울보가 따로 없었던 셈이다. 당시엔 얼마나 서러웠는지 딸꾹질까지 하고 나서야 겨우 진정이 되곤 했다. 놀라운 것은 울음이 그치자마자 언제 그랬냐 싶게 평온이 찾아온다. 울고 난 뒤에 찾아오는 개운한 안도감은 눈물이 주는 최고의 카타르시스다. 아이들 웃음소리가 아무리 떠들썩해도 대수롭지 않게 들리고, 눈물 자국으로 장난을 칠 만큼 여유마저 생겨, 마룻바닥에 흥건한 눈물 자국을 손가락으로 한데 모으거나 그럴싸한 모양을 만들기도 했다. 어느 땐 제법 큰 눈물의 호수(?)가 생겨나서, 푸른 하늘과 뭉게구름이 얼 비쳐 자리를 잡기도 했다. 그때 알았다, 눈물이 지니고 있는 치유의 힘을, 그때 느꼈다, 눈물이 주는 따뜻한 위로를. 그리고 그땐 몰랐다. 평생 내가 간직하고 지켜 내야 할 시적 화두가 '눈물'이 될 줄은.

키르케고르는 눈물을 '영혼의 고백'이라 표현했다. 나는 영혼의 고백을 넘어 '영혼의 생명'이라고 하고 싶다. 피가 육체를 살리는 생명의 원천이라면, 인간 본연의 정서를 회복하는 힘은 눈물에서 비롯된다고 믿는다. 우리 몸속에서 흘러나오는 액체 중에서 가장 깨끗한 물이 눈물이 아닐까 생각한다. 이 작고 투명한 액체 한 방울은 단순한 생리적 반응을 넘어선다. 눈물은 인간이 지닌 가장 순수한 감정 상태며, 용서와 연민, 양심과 죄책감, 공감과 슬픔 같은 윤리적 정직성이다. 감정이 극한까지 도달했을 때 발현되는 진

실의 언어로서 눈물이 때론 언어보다 많은 것을 말하고, 침묵 속에서 더 큰 울림을 전하기도 한다. 눈물은 삶의 온기를 품은 위로와 치유의 언어다. 우리에게 남아 있는 눈물이 있는 한, 메마른 세상을 촉촉이 적셔줄 수 있으리라는 믿음을 가지고 있다. 내가 시를 쓰는 이유다.

30년 전, 겁 없이, 첫 시집을 펴낼 수 있었던 사명감(?)의 원천도 '눈물'이었다. 자연스럽게 『남은 눈물을 위하여』가 시집 제목이 됐다. 「생명의 발원지를 찾아서」라는 머리글도 썼다.

"생명은 자체가 기쁨이어서, 살아가는 일이 온전히 기쁨이어야 할 터인데도, 늘 타는 목마름으로 뿌리내리지 못하는 일상을 되돌아보면, 생명의 발원지는 혹여 눈물이 아닐까.

눈물만이 메마른 가슴을 적셔내어 영혼의 실핏줄을 치유할 수 있을 것이다.

눈물만이 지친 여정의 끝 날에 우리가 돌아가야 할 그 길을 알고 있을 것이다.

남은 눈물을 애써 찾고자 하는 이유다.

세상의 길들이 막히고 있다.

세상의 길들이 지워지고 있다.

내게는 얼마나 많은 눈물이 남아 있을까.

첫 눈물방울을 세상에 내보낸다." (1996년 겨울을 시작하며)

시인이란 이름을 얻은 지도 30년이나 됐다. 나에게 시는 남은 눈물을 찾아서, 즉 '잃어버린 정서를 회복하는 일'이다. 내가 써

내려가는 시 한 구절 한 구절은 내 안에 아직 남아 있는 눈물의 짠맛을 느껴 보고자 하는 시도이며, 적어도 내 딴에는 삭막한 세상을 적셔줄, 남은 눈물을 찾아가는 구도의 여행기라고 할 수 있다.

문제는 시가 잘 써지지 않는다는 것이다. 눈물의 농도는 탁해지고 쓸데없이 염도鹽度만 강해 진 탓이다. 시적 감흥도 희미해졌다. 조금도 나아질 기미가 보이지 않는다. 내가 이미 배출한 다섯 방울의 눈물도 세속의 탁류에 휩쓸려 정화되지 못한 채 불순물로 떠다니고 있다는 느낌이다.

혹시 길을 잃은 게 아닌가, 내게 세상에 내보낼 눈물이 남아 있기는 한 것일까, 온갖 두려움이 앞선다. 그럼에도 불구하고, 내가 여전히 '시詩'라는 끈을 놓지 못하고 있는 것은, 아직도 그때 그 시절 눈물 콧물에 밴 간간한 맛을 기억하기 때문이다. 계속 쓰다 보면 언젠가는 세상을 정화 시키는 눈물 한 방울이 되고, 어쩌면 누군가에게 작은 위로가 될 시 같은 시 한 편 쓸 수 있지 않을까 하는 소박한 바람 때문이다.

어느 순간부터 우리는 눈물을 잊고 살아가고 있다. 일상에서 감정을 드러내는 일이 점차 불편해지고, 슬픔조차 조용히 삭혀야 하는 시대가 되었다.

비 내리는 오후, 아직 시작도 하지 않은 여섯 번째 눈물방울에 대해 고민이 깊어진다. 커피 한잔이 속절없이 식고 있다.

나기황 제6시집

느낌표에게 묻다

발행일	2025년 10월 20일
지은이	나기황
펴낸곳	편백나무출판사
출판등록	2013. 7. 1.(제2013-000013호)
주소	충북 청주시 청원구 1순환로 335번길 47-1
전화번호	043)252-3137 팩스 0303-3447-3137

ⓒ 나기황 2025
ISBN 1979-11-86977-48-4
값 12,000원

이 책은 2025년 충청북도, 충북문화재단 의 후원을 받아
예술창작활동지원사업의 일환으로 발간되었습니다.